DE
AMOR
TENHO
VIVIDO

DE AMOR TENHO VIVIDO

Hilda Hilst

ILUSTRAÇÕES DE ANA PRATA

COMPANHIA DAS LETRAS

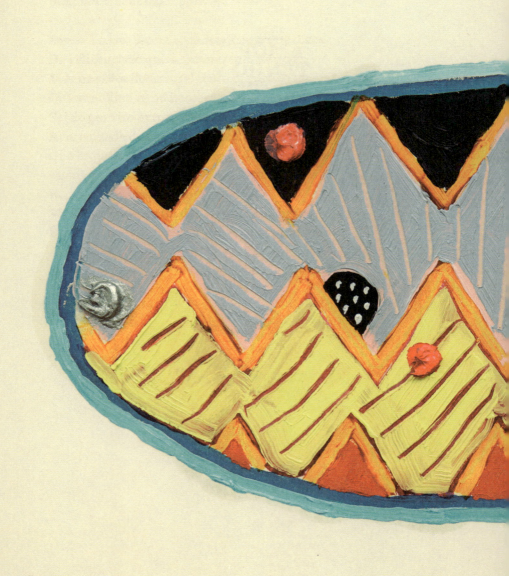

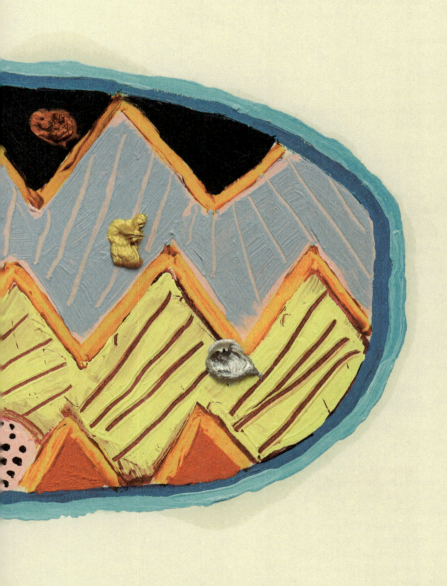

Copyright © 2018 by Daniel Bilenky Mora Fuentes
Copyright das ilustrações © 2018 by Ana Prata

*Grafia atualizada segundo o Acordo Ortográfico da Língua Portuguesa de 1990,
que entrou em vigor no Brasil em 2009.*

Capa e projeto gráfico
Elisa von Randow

Ilustração de capa
Ana Prata

Reprodução das ilustrações de capa e miolo
Renato Parada

Foto da página 86
Fernando Lemos

Revisão
Angela das Neves
Jane Pessoa

DADOS INTERNACIONAIS DE CATALOGAÇÃO NA PUBLICAÇÃO (CIP)
(CÂMARA BRASILEIRA DO LIVRO, SP, BRASIL)

Hilst, Hilda, 1930-2004
De amor tenho vivido / Hilda Hilst; ilustrações de Ana Prata.
— 1ª ed. — São Paulo: Companhia das Letras, 2018.

ISBN 978-85-359-3089-4

1. Poesia 2. Poesia brasileira I. Prata, Ana. II. Título.

18-13131	CDD-869.1

Índice para catálogo sistemático:
1. Poesia: Literatura brasileira 869.1

6ª reimpressão

Todos os direitos desta edição reservados à
EDITORA SCHWARCZ S.A.
Rua Bandeira Paulista, 702, cj. 32
04532-002 — São Paulo — SP
Telefone: (11) 3707-3500
www.companhiadasletras.com.br
www.blogdacompanhia.com.br
facebook.com/companhiadasletras
instagram.com/companhiadasletras
twitter.com/cialetras

SUMÁRIO

9 Apresentação

11 DE AMOR TENHO VIVIDO

87 Sobre a autora
88 Referências dos poemas
90 Índice de primeiros versos

Apresentação

Do primeiro livro de poesia, *Presságio*, de 1950, ate o último, *Cantares do sem nome e de partidas*, de 1995, o amor atravessa toda a obra poética de Hilda Hilst. Em constante diálogo com a tradição de odes, trovas e cantares, os poemas aqui reunidos tematizam o amor em suas múltiplas formas: a devoção ao amado, a entrega absoluta, o desejo ardente, o anseio pelo encontro, o medo da despedida, a fragilidade dos laços.

Com vasto repertório de imagens, a poeta cria um universo extraordinário composto de terra, árvores, cascas, frutas, raízes, plantas, flores. Os pássaros também pousam com frequência nos versos, com suas asas que nem sempre simbolizam a liberdade: há asas de fogo, de espanto, mas também asas de ferro, asas arrancadas. Há, sobretudo, a vontade urgente de ser lida, compreendida, olhada outra vez: "Me fizeram de pedra/ quando eu queria/ ser feita de amor".

Esta edição é ilustrada com pinturas a óleo da artista Ana Prata (Sete Lagoas, MG, 1980), convidada para dar cor e forma aos versos de Hilda. "Entre o amarelo e o rosa, a lua nova,/ Na vida também nova, ressurgia."

Os editores

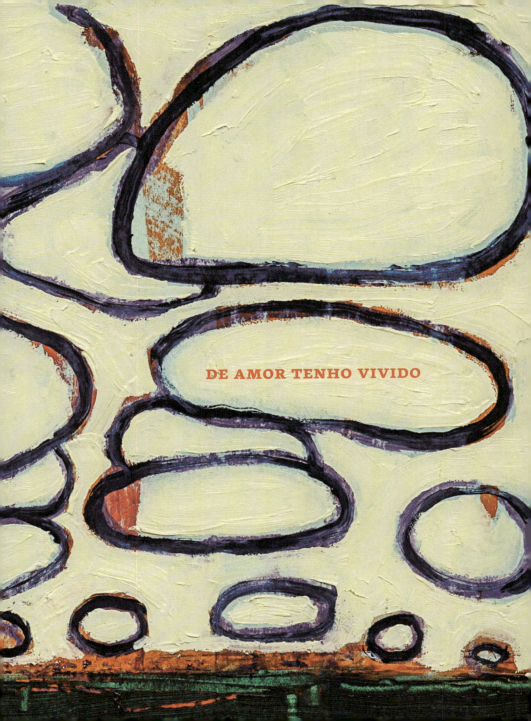

Gostaria de encontrar-te.

Falar das cousas
que já estão perdidas.

Tuas mãos trementes
se desmanchariam
na sonoridade
dos meus ditos.

Faria de teus olhos
luz,
de tua boca
um eco.

Nos teus ouvidos
eu falaria de amigos.

Quem sabe se amarias escutar-me.

[III, *Presságio*]

Nós, poetas e amantes
o que sabemos do amor?
Temos o espanto na retina
diante da morte e da beleza.
Somos humanos e frágeis
mas antes de tudo, sós.

Somos inimigos.
Inimigos com muralhas
de sombra sobre os ombros.
E sonhamos. Às vezes
damos as mãos àqueles
que estão chorando.
(os que nunca choraram por nós)

Ah, meus irmãos e irmãs...
Ai daqueles que nos amam
e que por amor de nós se perdem.
Ah, pudéssemos amar um homem
ou uma mulher ou uma coisa...
Mas diante de nós, o tempo
se consome, desaparece e não para.

Ouvi: que vossos olhos se inundem
de pranto e água de todo o mundo!
Somos humanos e frágeis
mas antes de tudo, sós.

[xx, *Balada do festival*]

Convém amar
O amor e a rosa
E a mim que sou
Moça e formosa
Aos vossos olhos
E poderosa
Porque vos amo
Mais do que a mim.

Convém amar
Ainda que seja
Por um momento:
Brisa leve a
Princípio e seu
Breve momento
Também é jeito
De ser, do tempo.

Porque ai senhor
A vida é pouca:
Um bater de asa
Um só caminho
Da minha à vossa
Casa...

E depois, nada.

[IV, *Trovas de muito amor para um amado senhor*]

As coisas que procuro
Não têm nome.
A minha fala de amor
Não tem segredo.

Perguntam-me se quero
A vida ou a morte.
E me perguntam sempre
Coisas duras.

Tive casa e jardim.
E rosas no canteiro.
E nunca perguntei
Ao jardineiro
O porquê do jasmim
— Sua brancura, o cheiro.

Queiram-me assim.
Tenho sorrido apenas.
E o mais certo é sorrir
Quando se tem amor
Dentro do peito.

[17, *Roteiro do silêncio*]

As asas não se concretizam.
Terríveis e pequenas circunstâncias
Transformam claridades, asas, grito,
Em labirinto de exígua ressonância.

Os solilóquios do amor não se eternizam.

E no entanto, refaço minhas asas
Cada dia. E no entanto, invento amor
Como as crianças inventam alegria.

[18, *Roteiro do silêncio*]

Promete-me que ficarás
Até que a madrugada te surpreenda.
Ainda que não seja de abril
Esta noite que descer
Ainda que não haja estrela e esperança
Neste amor que amanhece.

[19, *Roteiro do silêncio*]

Tenho medo de ti e deste amor
Que à noite se transforma em verso e rima.
E o medo de te amar, meu triste amor,
Afasta o que aos meus olhos aproxima.

Conheço as conveniências da retina.
Muita coisa aprendi dos seus afetos:
Melhor colher os frutos na vindima
Que buscá-los em vão pelos desertos.

Melhor a solidão. Melhor ainda
Enlouquecendo os meus olhos, o escuro,
Que o súbito clarão de aurora vinda

Silenciosa dos vãos de um alto muro.
Melhor é não te ver. Antes ainda
Esquecer de que existe amor tão puro.

[IV, *Roteiro do silêncio*]

Aflição de ser terra
Em meio às águas
PÉRICLES E. DA SILVA RAMOS

Aflição de ser eu e não ser outra.
Aflição de não ser, amor, aquela
Que muitas filhas te deu, casou donzela
E à noite se prepara e se adivinha

Objeto de amor, atenta e bela.
Aflição de não ser a grande ilha
Que te retém e não te desespera
(A noite como fera se avizinha)

Aflição de ser água em meio à terra
E ter a face conturbada e móvel.
E a um só tempo múltipla e imóvel

Não saber se se ausenta ou se te espera.
Aflição de te amar... se te comove.
E sendo água, amor, querer ser terra.

[I, *Roteiro do silêncio*]

Teus passos somem
Onde começam as armadilhas.
Curvo-me sobre a treva que me espia.

Ninguém ali. Nem humanos, nem feras.
De escuro e terra tua moradia?

Pegadas finas
Feitas a fogo e a espinho.
Teu passo queima se me aproximo.

Então me deito sobre as roseiras.
Hei de saber o amor à tua maneira.

Me queimo em sonhos, tocando estrelas.

[XIX, *Poemas malditos, gozosos e devotos*]

Falemos do amor, senhores,
Sem rodeios.
[Assim como quem fala
Dos inúmeros roteiros
De um passeio.]
Tens amado? Claro.
Olhos e tato
Ou assim como tu és
Neste momento exato.
Frio, lúcido, compacto
Como me lês
Ou frágil e inexato
Como te vês.
Falemos do amor
Que é o que preocupa
Às gentes.
Anseio, perdição, paixão,
Tormento, tudo isso
Meus senhores
Vem de dentro.
E de dentro vem também
A náusea. E o desalento.
Amas o pássaro? O amor?
O cacto? Ou amas a mulher
De um amigo pacato?
Amas, te sentindo invasor
E sorrindo
Ou te sentindo invadido
E pedindo amor. (Sim?

Então não amas, meu senhor)
Mas falemos do amor
Que é o que preocupa
Às gentes: nasce de dentro
E nasce de repente.
Clamores e cuidados
Memórias e presença
Tudo isso tem raiz, senhor,
Na benquerença.
E é o amor ainda
A chama que consome
O peito dos heróis.
E é o amor, senhores,
Que enriquece, clarifica
E atormenta a vida.
E que se fale do amor
Tão sem rodeios
Assim como quem fala
Dos inúmeros roteiros
De um passeio.

[4, *Roteiro do silêncio*]

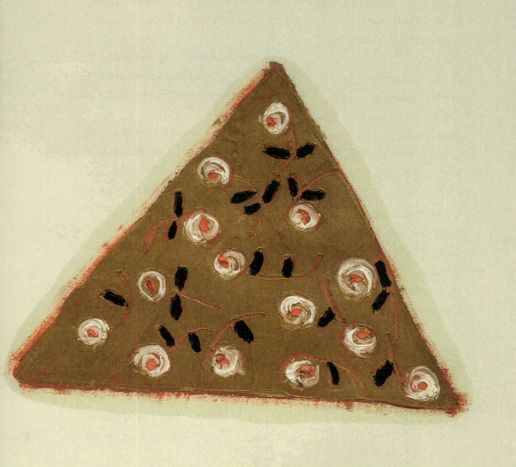

Deu-me o amor este dom:
O de dizer em poesia.
Poeta e amante é o que sou
E só quem ama é que sabe
Dizer além da verdade
E dar vida à fantasia.

E não dá vida o amor?
E não empresta beleza
Àquele que se quer bem?
Que não vos cause surpresa
O perceber neste amor
Fidelidade e nobreza.

E se eu soubesse que à morte
Meu muito amar conduzia,
Maior nobreza de amante
Afirmar-vos inda assim
Que ele tal e qual seria
Como tem sido até agora:

Amor do começo ao fim.

[xv, *Trovas de muito amor para um amado senhor*]

Se te pareço noturna e imperfeita
Olha-me de novo. Porque esta noite
Olhei-me a mim, como se tu me olhasses.
E era como se a água
Desejasse

Escapar de sua casa que é o rio
E deslizando apenas, nem tocar a margem.

Te olhei. E há tanto tempo
Entendo que sou terra. Há tanto tempo
Espero
Que o teu corpo de água mais fraterno
Se estenda sobre o meu. Pastor e nauta

Olha-me de novo. Com menos altivez.
E mais atento.

[I, *Júbilo, memória, noviciado da paixão*]

Ama-me. É tempo ainda. Interroga-me.
E eu te direi que o nosso tempo é agora.
Esplêndida avidez, vasta ventura
Porque é mais vasto o sonho que elabora

Há tanto tempo sua própria tessitura.

Ama-me. Embora eu te pareça
Demasiado intensa. E de aspereza.
E transitória se tu me repensas.

[II, *Júbilo, memória, noviciado da paixão*]

Atada a múltiplas cordas
Vou caminhando tuas costas.
Palmas feridas, vou contornando
Pontas de gelo, luzes de espinho
E degredo, tuas omoplatas.

Busco tua boca de veios
Adentro-me nas emboscadas
Vazia te busco os meios.
Te fechas, teia de sombras
Meu Deus, te guardas.

A quem te procura, calas.
A mim que pergunto escondes
Tua casa e tuas estradas.
Depois trituras. Corpo de amantes
E amadas.

E buscas
A quem nunca te procura.

[x, *Poemas malditos, gozosos e devotos*]

Fui pássaro e onça
Criança e mulher.
Numa tarde de sombras
Fui teu passo.

[*Da morte. Odes mínimas*]

Como se te perdesse, assim te quero.
Como se não te visse (favas douradas
Sob um amarelo) assim te apreendo brusco
Inamovível, e te respiro inteiro

Um arco-íris de ar em águas profundas.

Como se tudo o mais me permitisses,
A mim me fotografo nuns portões de ferro
Ocres, altos, e eu mesma diluída e mínima
No dissoluto de toda despedida.

Como se te perdesse nos trens, nas estações
Ou contornando um círculo de águas
Removente ave, assim te somo a mim:
De redes e de anseios inundada.

[II, *Amavisse*]

Eu caminhava alegre entre os pastores
E tatuada de infância repetia
Que é melhor em verdade ter amores
E rima transitória para o verso.
Para cantar mais alto é até preciso
Desdobrar-se em afetos e amar
Seja o que for, luares e desertos
E cantigas de roda e ditirambos.

Entre o amarelo e o rosa, a lua nova,
Na vida também nova, ressurgia.

[*Ode fragmentária*]

Costuro o infinito sobre o peito.
E no entanto sou água fugidia e amarga.
E sou crível e antiga como aquilo que vês:
Pedras, frontões no Todo inamovível.
Terrena, me adivinho montanha algumas vezes.
Recente, inumana, inexprimível
Costuro o infinito sobre o peito
Como aqueles que amam.

[VIII, *Da noite*]

Que te demores, que me persigas
Como alguns perseguem as tulipas
Para prover o esquecimento de si.
Que te demores
Cobrindo-me de sumos e de tintas
Na minha noite de fomes.
Reflete-me. Sou teu destino e poente.
Dorme.

[x, *Da noite*]

Que este amor não me cegue nem me siga.
E de mim mesma nunca se aperceba.
Que me exclua do estar sendo perseguida
E do tormento
De só por ele me saber estar sendo.
Que o olhar não se perca nas tulipas
Pois formas tão perfeitas de beleza
Vêm do fulgor das trevas.
E o meu Senhor habita o rutilante escuro
De um suposto de heras em alto muro.

Que este amor só me faça descontente
E farta de fadigas. E de fragilidades tantas
Eu me faça pequena. E diminuta e tenra
Como só soem ser aranhas e formigas.

Que este amor só me veja de partida.

[I, *Cantares do sem nome e de partidas*]

No coração, no olhar

Quando se tocarem
Pela primeira vez
Aqueles que se amam

Eu estarei

Nas grandes luas
Nas tardes
Nas pequenas canções
Nos livros

Eu e minha viva morte
Estaremos ali
Pela primeira vez.

Dirão:
Um poeta e sua morte
Estão vivos e unidos
No mundo dos homens.

Na madrugada
Pela primeira vez

Em amor

Tocada.

[XXXVIII, *Da morte. Odes mínimas*]

Eu amo Aquele que caminha
Antes do meu passo.
É Deus e resiste.

Eu amo a minha morada
A Terra triste.
É sofrida e finita
E sobrevive.

Eu amo o Homem-luz
Que há em mim.
É poeira e paixão
E acredita.

Amo-te, meu ódio-amor
Animal-Vida.
És caça e perseguidor
E recriaste a Poesia
Na minha Casa.

[XXIII, *Cantares de perda e predileção*]

Resolvi me seguir
Seguindo-te.
A dois passos de mim
Me vi:
Molhada cara, matando-se.

Cravado de flechas claras
Ramo de luzes, de punhaladas
Te vi. Sangrando de morte rara:
A minha. Morrendo em ti.

[LXIX, *Cantares de perda e predileção*]

Porque tu sabes que é de poesia
Minha vida secreta. Tu sabes, Dionísio,
Que a teu lado te amando,
Antes de ser mulher sou inteira poeta.
E que o teu corpo existe porque o meu
Sempre existiu cantando. Meu corpo, Dionísio,
É que move o grande corpo teu

Ainda que tu me vejas extrema e suplicante
Quando amanhece e me dizes adeus.

[II, *Júbilo, memória, noviciado da paixão*]

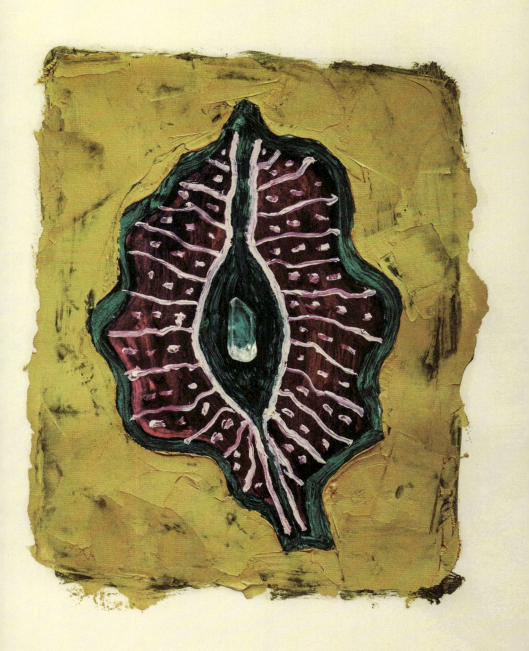

Lembra-te que há um querer doloroso
E de fastio a que chamam de amor.
E outro de tulipas e de espelhos
Licencioso, indigno, a que chamam desejo.
Há no caminhar um descaminho, um arrastar-se
Em direção aos ventos, aos açoites
E um único extraordinário turbilhão.
Por que me queres sempre nos espelhos
Naquele descaminhar, no pó dos impossíveis
Se só me quero viva nas tuas veias?

[VII, *Do desejo*]

Se te ausentas há paredes em mim.
Friez de ruas duras
E um desvanecimento trêmulo de avencas.
Então me amas? te pões a perguntar.
E eu repito que há paredes, friez
Há molimentos, e nem por isso há chama.
DESEJO é um Todo lustroso de carícias
Uma boca sem forma, um Caracol de Fogo.
Desejo é uma palavra com a vivez do sangue
E outra com a ferocidade de Um só Amante.
DESEJO é Outro. Voragem que me habita.

[VIII, *Do desejo*]

Lembra-te que morreremos
Meu ódio-amor.
De carne e de miséria
Esta casa breve de matéria
Corpo-campo de luta e de suor.

Lembra-te do anônimo da Terra
Que meditando a sós com seus botões
Gravou no relógio das quimeras:
"É mais tarde do que supões".

Por isso
Mata-me apenas em sonhos.
Podes dormir em fúria pela eternidade
Mas acordado, ama. Porque a meu lado
Tudo se faz tarde: amor, gozo, ventura.

[XLIV, *Cantares de perda e predileção*]

E atravessamos portas trancadas.
Esteiras pedras e cestos
Espreitam
Nossas passadas.
E amamos como quem sonha
Cancelas de sal e palha
Prendendo o sono.

Assim te amo. Sabendo.
Degelo prendendo as águas.

[IX, *Cantares de perda e predileção*]

Se eu te pedisse, Túlio,
O ato irreparável de me amar
Te pediria muito?

Se o corpo pede à alma
Que respirem juntos
Tu dirias, dúbio,
Que se trata de um pedido singular?

Se o que eu te digo
Ouves pelo ouvido
Tu culparias
Teu inteiro sentido
Auricular?

Retoma, Túlio,
O que pertence à vida:
Meu sangue, minha poesia

E o ato irreparável de me amar.

[XVIII, *Júbilo, memória, noviciado da paixão*]

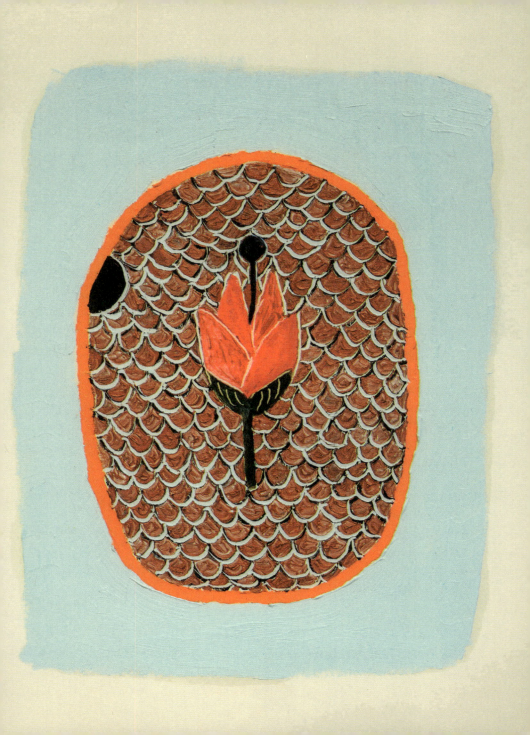

Amo e conheço.
Eis por que sou amante
E vos mereço.

De entendimento
Vivo e padeço.

Vossas carências
Sei-as de cor.
E o desvario
Na vossa ausência

Sei-o melhor.

Tendes comigo
Tais dependências
Mas eu convosco
Tantas ardências
Que só me resta
O amar antigo:
Não sei dizer-vos
Amor, amigo

Mas é nos versos
Que mais vos sinto.
E na linguagem
Desta canção

Sei que não minto.

[II, *Trovas de muito amor para um amado senhor*]

Sorrio quando penso
Em que lugar da sala
Guardarás o meu verso.
Distanciado
Dos teus livros políticos?
Na primeira gaveta
Mais próxima à janela?
Tu sorris quando lês
Ou te cansas de ver
Tamanha perdição
Amorável centelha
No meu rosto maduro?
E te pareço bela
Ou apenas te pareço
Mais poeta talvez
E menos séria?
O que pensa o homem
Do poeta? Que não há verdade
Na minha embriaguez
E que me preferes
Amiga mais pacífica
E menos aventura?
Que é de todo impossível
Guardar na tua sala
Vestígio passional
Da minha linguagem?

Eu te pareço louca?
Eu te pareço pura?
Eu te pareço moça?

Ou é mesmo verdade
Que nunca me soubeste?

[VI, *Júbilo, memória, noviciado da paixão*]

Brilhou um medo incontido
na tua face de luz.
E teu amor resguardou-se
e silenciou.

Quis esconder os meus dedos
nos teus cabelos de mágoa
mas a tua mágoa era grande
para fugir no meu gesto.

Agora o amor é inútil
e inútil o meu consolo.
Estamos sós.

Entre o teu amor
e o meu afago,
aquele triste mundo de certezas.

[x, *Balada de Alzira*]

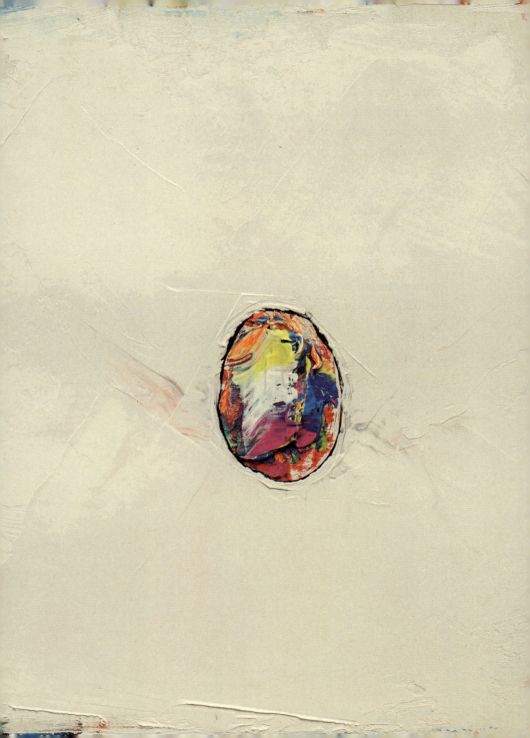

Amor agora
Meu inimigo.
Barco do olvido
Entre o teu ódio
E o meu navegar
Fico comigo.

Sopro, cadência
Meu hausto e mar
Navego a rocha
Somo o castigo
Deslizo, meu ódio-amigo,

Graça e alívio
De te alcançar.

[XXVII, *Cantares de perda e predileção*]

a Carlos Drummond de Andrade

A rosa do amor
perdi-a nas águas.

Manchei meus dedos de luta
naquela haste de espinho.
E no entanto a perdi.
Os tristes me perguntaram
se ela foi vida p'ra mim.
Os doidos nada disseram
pois sabiam que até hoje
os homens
dela jamais se apossaram.

Ficou um resto de queixa
na minha boca oprimida.
Ficou gemido de morte
na mão que a deixou cair.

A rosa do amor
perdi-a nas águas.
Depois me perdi
no coração de amigos.

[xv, *Balada de Alzira*]

Amadíssimo, não fales.
A palavra dos homens desencanta.

Antes os teus olhos de prata
na noite espessa do teu rosto.
Antes o teu gesto de amor
espera de infinito e de murmúrio,
água escorrendo da fonte, espuma de mar.

Depois, descansarás em meu peito
as tuas mãos de sol. O vento de amanhã
sepultará em meu ventre
cálido como areia, fecundo como o mar,

a semente da vida.

Ouve: só o pranto
grita agora em meus ouvidos.

[XIII, *Balada do festival*]

Haverá sempre o medo
e o escondido pranto
no meu canto de amor.

Dos homens e da morte
mais noite que auroras
em verso e pensamento
concebi. Nas crianças
amei os olhos e o riso
o clamor sem ouvido
o medo, o medo, o medo.

Se a fantasia
aproximar de mim
a tua presença,
fica. A teu lado,
serei amante sem desejo:
Pássaro sem asa.
Submerso leito.

[xv, *Balada do festival*]

Amor tão puro
Amor impuro
Nada parece
Ser mais escuro
Que o definir-vos:
Às vezes graça
Tão luminosa
Às vezes pena
Tão perigosa...

E às vezes rosa
Tão matutina
Que a mim não cabe
(Eu, peregrina)
O descobrir-vos.
Antes à tarde
Cansar a pena
No definir-vos.

— Ai, quem padece
De tanto amor
E em alta chama
Sua vida aquece?

— Ai, quem seria?
Sendo por vós
Só poderia
Ser eu, senhor.

[x, *Trovas de muito amor para um amado senhor*]

Tenho sofrido
Penas menores.
Maiores
Só as de agora:
Amor tão grande
Tão exaltado
Que se não morre
Também não sabe
Viver calado.

Morrer não há de.
Calar não pode.
Sabe morrer
Quem morre
Se não vos vê?
Sabe calar
A que nasceu
Somente
P'ra vos cantar?

Tenho sofrido
Porque de amor
Tenho vivido.
Amor tão grande
Tão exaltado
Que se o perdesse
Nada seria
Mais cobiçado.

[XI, *Trovas de muito amor para um amado senhor*]

Se não vos vejo

Vos sinto por toda parte.
Se me falta o que não vejo
Me sobra tanto desejo,
Que este, o dos olhos, não importa.

(Antes importa saber
Se o que mais vale é sentir
E sentindo não vos ver.)

São coisas do amor, senhor,
Desordenadas, antigas.
E são coisas que se inventam
P'ra se cantar a cantiga.

Não são os olhos que veem
Nem o sentido que sente.
O amor é que vai além
E em tudo vos faz presente.

[XII, *Trovas de muito amor para um amado senhor*]

(*Andante tranquilo*)

Ainda é cedo, Ricardo, para o tempo que dizes
Da velhice. Não que sejas menino. Não o és.
Mas na noite flutuas pela casa dissipado em meiguice
Que a mulher vê no homem o menino que é.
Sei do teu riso extremo insinuando
A ferocidade da tua meninice. E pensas porque te amo
Que esqueci a arena ensolarada de outros dias
O rio coalhado de anzóis, a matança das aves
No sol do meio-dia.
Vê, Ricardo, se me foi dado cantar tua brandura,
É porque aquele que tu foste um dia, sendo feroz,
Amou. Talvez por isso é que eu te amo agora.

[11, *Trajetória poética do ser* (i)]

Se amor é merecimento
Tenho servido a Deus
Mui a contento.

Se é vosso meu pensamento
Em verdade vos dei
Consentimento.

E se mereci tal vida
Plena de amor e serena
Foi muito bem merecida.

E em me sabendo querida
Dos anjos e do meu Deus
Na morte pressinto a vida.

E o que se diz sofrimento
No meu sentir é agora
Contentamento.

E se amor morre com o tempo
Amor não é o que sinto
Neste momento.

[XIX, *Trovas de muito amor para um amado senhor*]

Guardai com humildade
Estas trovas de amor.
E se um dia eu morrer
Antes de vós
Como sói muita vez
Acontecer

Lembrai-vos: O que dei
Foi um amor tão puro
Atormentado mas
Tão claro e limpo
E sentireis, senhor,
Tudo o que sinto.

[xx, *Trovas de muito amor para um amado senhor*]

Aos amantes é lícito a voz desvanecida.
Quando acordares, um só murmúrio sobre o teu ouvido:
Ama-me. Alguém dentro de mim dirá: não é tempo,
                                    [senhora,
Recolhe tuas papoulas, teus narcisos. Não vês
Que sobre o muro dos mortos a garganta do mundo
Ronda escurecida?

Não é tempo, senhora. Ave, moinho e vento
Num vórtice de sombra. Podes cantar de amor
Quando tudo anoitece? Antes lamenta
Essa teia de seda que a garganta tece.

Ama-me. Desvaneço e suplico. Aos amantes é lícito
Vertigens e pedidos. E é tão grande a minha fome
Tão intenso meu canto, tão flamante meu preclaro tecido
Que o mundo inteiro, amor, há de cantar comigo.

[v, *Júbilo, memória, noviciado da paixão*]

Água esparramada em cristal,
buraco de concha,
segredarei em teus ouvidos
os meus tormentos.
Apareceu qualquer cousa
em minha vida toda cinza,
embaçada, como água
esparramada em cristal.
Ritmo colorido
dos meus dias de espera,
duas, três, quatro horas,
e os teus ouvidos
eram buracos de concha,
retorcidos
no desespero de não querer ouvir.

Me fizeram de pedra
quando eu queria
ser feita de amor.

[VI, *Presságio*]

A voz que diz o verso e a cantiga
Tem repetido mil vezes que te ama.
A voz amante, amor, não tem medida
E lenta é quase sempre leve e branda.

Que não conheça o grito a minha garganta
Porque bem sei quem és e de onde vens.
E nem penses que a mim me desencantam
As filhas que eu não tive e que tu tens.

Amo-te a ti e a todos esses bens.
Fosse maior o amor tu saberias
Que se te amo a ti, amo tuas filhas.
[Se as vejo são meus olhos que te veem.]

Amo-te tanto. Sendo breve a vida,
Impossível a volta àquela infância
Que seja a tua ternura desmedida
Como se eu fosse também... uma criança.

[VII, *Roteiro do silêncio*]

Hoje te canto e depois no pó que hei de ser
Te cantarei de novo. E tantas vidas terei
Quantas me darás para o meu outra vez amanhecer
Tentando te buscar. Porque vives de mim, Sem Nome,
Sutilíssimo amado, relincho do infinito, e vivo
Porque sei de ti a tua fome, tua noite de ferrugem
Teu pasto que é o meu verso orvalhado de tintas
E de um verde negro teu casco e os areais
Onde me pisas fundo. Hoje te canto
E depois emudeço se te alcanço. E juntos
Vamos tingir o espaço. De luzes. De sangue.
De escarlate.

[Sobre a tua grande face]

Porque te amo
Deverias ao menos te deter
Um instante

Como as pessoas fazem
Quando veem a petúnia
Ou a chuva de granizo.

Porque te amo
Deveria a teus olhos parecer
Uma outra Ariana

Não essa que te louva

A cada verso
Mas outra

Reverso de sua própria placidez
Escudo e crueldade a cada gesto.

Porque te amo, Dionísio,
É que me faço assim tão simultânea

Madura, adolescente

E por isso talvez
Te aborreças de mim.

[IV, *Júbilo, memória, noviciado da paixão*]

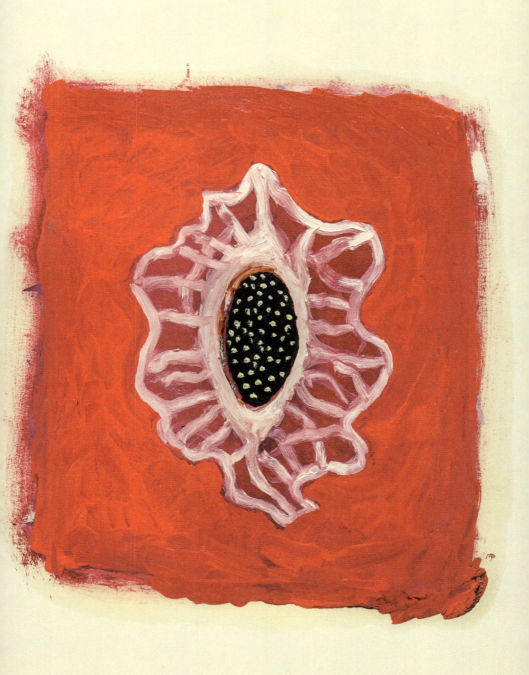

E circulando lenta, a ideia, Túlio,
Foi se fazendo matéria no meu sangue.
A obsessão do tempo, o sedimento
Palpável, teu rosto sobre a ideia

Foi nascendo

E te sonhei na imensidão da noite
Como os irmãos no sonho se imaginam:
Jungidos, permanentes, necessários
E amantes, se assim se faz preciso.

Tocar em ti. Recriar castidade
Não me sabendo casta, ser voragem
Ser tua, e conhecendo

Ser extensão do mar na tua viagem.

[II, *Júbilo, memória, noviciado da paixão*]

Tenho te amado tanto e de tal jeito
Como se a terra fosse um céu de brasa.
Abrasa assim de amor todo meu peito
Como se a vida fosse voo e asa

Iniciação e fim. Amo-te ausente
Porque é de ausência o amor que se pressente.
E se é que este arder há de ser sempre
Hei de morrer de amor nascendo em mim.

Que mistério tão grande te aproxima
Deste poeta irreal e sem magia?
De onde vem este sopro que me anima
A olhar as coisas com o olhar que as cria?

Atormenta-me a vida de poesia
De amor e medo e de infinita espera.
E se é que te amo mais do que devia
Não sei o que se deva amar na terra.

[III, *Roteiro do silêncio*]

Dúplices e atentos
Lançamos nossos barcos

No caminho dos ventos.

E nas coisas efêmeras
Nos detemos.

["Dúplices e atentos", *Ode fragmentária*]

Sobre a autora

Filha do fazendeiro, jornalista e poeta Apolônio de Almeida Prado Hilst e de Bedecilda Vaz Cardoso, Hilda de Almeida Prado Hilst nasceu em Jaú, São Paulo, em 21 de abril de 1930. Os pais se separaram em 1932, ano em que ela se mudou com a mãe e o meio-irmão para Santos. Três anos mais tarde, seu pai foi diagnosticado com paranoia esquizoide, tema que apareceria de forma contundente em toda a obra da poeta. Aos sete anos, Hilda foi estudar no Colégio Interno Santa Marcelina, em São Paulo. Terminou a formação clássica no Instituto Mackenzie e se formou na Faculdade de Direito do Largo São Francisco, da Universidade de São Paulo.

Hilda publicou seu primeiro livro, *Presságio*, em 1950, e o segundo, *Balada de Alzira*, no ano seguinte. Em 1963, abandonou a atribulada vida social e se mudou para a fazenda da mãe, São José, próxima a Campinas. Num lote desse terreno, a poeta construiu sua chácara, Casa do Sol, onde passou a viver a partir de 1966, ano da morte de seu pai. Na companhia do escultor Dante Casarini — com quem foi casada entre 1968 e 1985 — e de muitos amigos que por lá passaram, ela, sempre rodeada por dezenas de cachorros, se dedicou exclusivamente à escrita. Além de poesia, no fim da década de 1960 a escritora ampliou sua produção para ficção e peças de teatro.

Nos anos 1990, em reação ao limitado alcance de seus livros, Hilda se despediu do que chamava de "literatura séria" e inaugurou a fase pornográfica com os títulos que integrariam a "tetralogia obscena": *O caderno rosa de Lori Lamby*, *Contos d'escárnio — Textos grotescos*, *Cartas de um sedutor* e *Bufólicas*. De 1992 a 1995, colaborou para o *Correio Popular* de Campinas com crônicas semanais.

Entre os prêmios recebidos pela escritora, destacam-se o PEN Clube de São Paulo para *Sete cantos do poeta para o anjo*, em 1962; o Grande Prêmio da Crítica pelo Conjunto da Obra, da Associação Paulista dos Críticos de Arte (APCA), em 1981; o Jabuti por *Rútilo Nada*, em 1994; e o Moinho Santista pelo Conjunto da Produção Poética, em 2002. Hilda morreu em 2004, em Campinas.

Referências dos poemas

De PRESSÁGIO (1950)
III (p. 12), VI (p. 74)

De BALADA DE ALZIRA (1951)
X (p. 55), XV (p. 56)

De BALADA DO FESTIVAL (1955)
XX (p. 13), XIII (p. 62), XV (p. 63)

De ROTEIRO DO SILÊNCIO (1959)
Sonetos que não são: I (p. 21), III (p. 81), IV (p. 20), VII (p. 76)
Do amor contente e muito descontente: 4 (p. 24), 17 (p. 16), 18 (p. 17), 19 (p. 18)

De TROVAS DE MUITO AMOR PARA UM AMADO SENHOR (1960)
II (p. 52), IV (p. 15), X (p. 64), XI (p. 66), XII (p. 67), XV (p. 26), XIX (p. 70), XX (p. 72)

De ODE FRAGMENTÁRIA (1961)
Heroicas: "Dúplices e atentos" (p. 82),
Quase bucólicas: "Eu caminhava alegre entre os pastores" (p. 34)

De TRAJETÓRIA POÉTICA DO SER (I) (1963-6)
Memória: 11 (p. 68)

De JÚBILO, MEMÓRIA, NOVICIADO DA PAIXÃO (1974)
Dez chamamentos ao amigo: I (p. 27), II (p. 28), VI (p. 54)

Moderato cantabile: II (p. 80)

Ode descontínua e remota para flauta e oboé: II (p. 79), IV (p. 78)

Prelúdios intensos para os desmemoriados do amor: V (p. 73)

Árias pequenas. Para Bandolim: XVIII (p. 50)

De DA MORTE. ODES MÍNIMAS (1980)

"Fui pássaro e onça" (p. 30)

Da morte. Odes mínimas: XXXVIII (p. 40)

De CANTARES DE PERDA E PREDILEÇÃO (1983)

IX (p. 49), XXIII (p. 42), XXVII (p. 57), XLIV (p. 48), LXIX (p. 43)

De POEMAS MALDITOS, GOZOSOS E DEVOTOS (1984)

XIX (p. 22), X (p. 29)

De SOBRE A TUA GRANDE FACE (1986)

"Hoje te canto e depois no pó que hei de ser" (p. 77)

De AMAVISSE (1989)

II (p. 31)

De DO DESEJO (1992)

VII (p. 46), VIII (p. 47)

De DA NOITE (1992)

VIII (p. 35), X (p. 38)

De CANTARES DO SEM NOME E DE PARTIDAS (1995)

I (p. 39)

Índice de primeiros versos

A rosa do amor 58

A voz que diz o verso e a cantiga 76

Aflição de ser eu e não ser outra. 21

Água esparramada em cristal, 74

Ainda é cedo, Ricardo, para o tempo que dizes 68

Amadíssimo, não fales. 62

Ama-me. É tempo ainda. Interroga-me. 28

Amo e conheço. 52

Amor agora 57

Amor tão puro 64

Aos amantes é lícito a voz desvanecida. 73

As asas não se concretizam. 17

As coisas que procuro 16

Atada a múltiplas cordas 29

Brilhou um medo incontido 55

Como se te perdesse, assim te quero. 31

Convém amar 15

Costuro o infinito sobre o peito. 35

Deu-me o amor este dom: 26

Dúplices e atentos 82

E atravessamos portas trancadas. 49

E circulando lenta, a ideia, Túlio, 80

Eu amo Aquele que caminha 42

Eu caminhava alegre entre os pastores 34

Falemos do amor, senhores, 23

Fui pássaro e onça 30

Gostaria de encontrar-te. 12

Guardai com humildade 72

Haverá sempre o medo 63

Hoje te canto e depois no pó que hei de ser 77

Lembra-te que há um querer doloroso 46

Lembra-te que morreremos 48

No coração, no olhar 40

Nós, poetas e amantes 13

Porque te amo 78

Porque tu sabes que é de poesia 44

Promete-me que ficarás 18

Que este amor não me cegue nem me siga. 39

Que te demores, que me persigas 38

Resolvi me seguir 43

Se amor é merecimento 70

Se eu te pedisse, Túlio, 50

Se não vos vejo 67

Se te ausentas há paredes em mim. 47

Se te pareço noturna e imperfeita 27

Sorrio quando penso 53

Tenho medo de ti e deste amor 20

Tenho sofrido 66

Tenho te amado tanto e de tal jeito 81

Teus passos somem 22

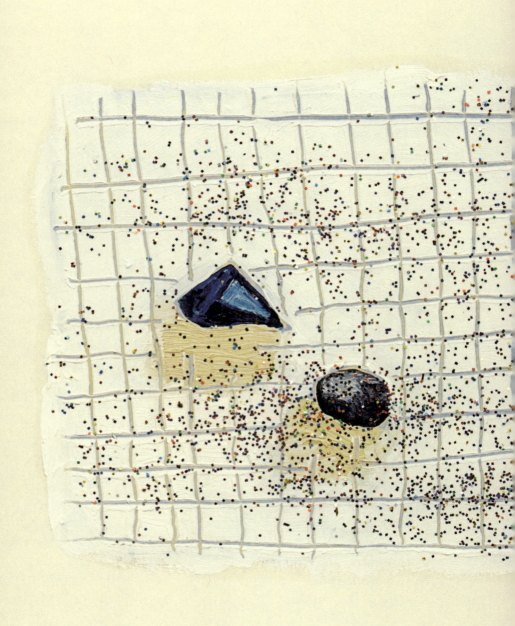

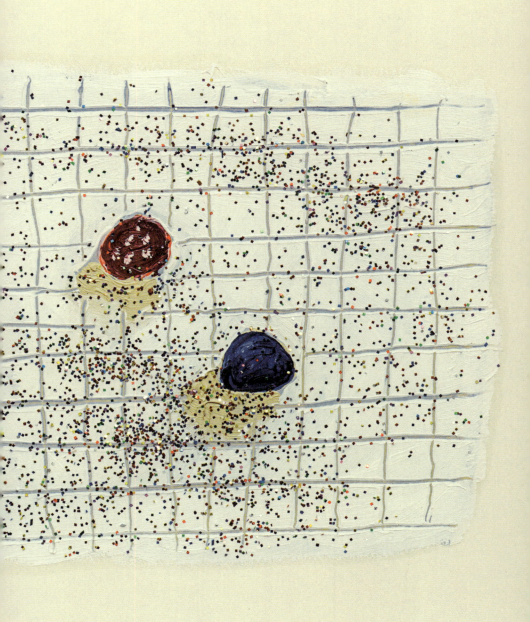

1ª EDIÇÃO [2018] 6 reimpressões

ESTA OBRA FOI COMPOSTA POR ELISA VON RANDOW
EM SKOLAR E IMPRESSA PELA GEOGRÁFICA EM OFSETE
SOBRE PAPEL PÓLEN BOLD DA SUZANO S.A. PARA A
EDITORA SCHWARCZ EM AGOSTO DE 2023

A marca FSC® é a garantia de que a madeira utilizada na fabricação do papel deste livro provém de florestas que foram gerenciadas de maneira ambientalmente correta, socialmente justa e economicamente viável, além de outras fontes de origem controlada.